1943 – Ein ganz besonderes Jahr!

1943 ist ein besonderes Jahr: In Deutschland gibt es 43 Kino-Filmpremieren, „Der Kleine Prinz" von Antoine de Saint-Exupéry erscheint im Buchhandel und Königin Silvia von Schweden wird geboren.

Eine spannende und amüsante Zeitreise für jede Frau, die immer schon mal wissen wollte, welche Trends in ihrem Geburtsjahr begründet wurden und welche bedeutenden Ereignisse es gab.

Ein Ereignis ist dabei ganz besonders hervorzuheben:

Das größte Highlight 1943 ist die Geburt von:

Liebes Geburtstagskind,

Inhalt

Chinesisches Horoskop 6
Immer wieder gern gesehen 8
Elegante Königin 9
Das Kino wird immer beliebter 10
Rezepte aus dem Jahr 1943 11
Bademode wird selbst gestrickt 12
Badeanzug zum Selberstricken 13
Anzüglicher Farbfilm im Kino 14
Erster Farbspielfilm in Deutschland 15
Das geschah 1953, als Sie 10 Jahre alt waren: 17
1953er Kurzarm-Pulli zum Selberstricken 18
Kinderjäckchen aus 1953 19
Durchbruch bei Froschmännern 20
Ein deutscher Schlagerstar 21
Einer der bedeutendsten utopischen Romane 22
Original Lebkuchenrezept aus 1943 23
Das geschah 1963, als Sie 20 Jahre alt waren: 24
Strickpullover und Mütze aus 1963 25
„Damals" mit Zarah Leander 26
Frauen sollen mehr Auto fahren 27
Der Rhabarber eröffnet die Obsternte 28
Oper nach altem Märchenstoff 29
Weltrekord im Dauersegelfliegen 30
Das geschah 1973, als Sie 30 Jahre alt waren: 31
Original Strickanleitung aus 1973 32
Neuer Hitchcock-Film 33
Jazz-Suite von Duke Ellington 34
Ein Publikumsliebling 35
Das geschah 1983, als Sie 40 Jahre alt waren: 36

1980er Jahre Rucksack zum Selbernähen 37
Karrierestart von Frank Sinatra 38
Mode im Zeichen des Sparens 39
Hochkonjunktur am Kopf 40
Das geschah 1993, als Sie 50 Jahre alt waren: 41
Exklusiv: Cholesterinarme Rezepte aus 1993 42
Action Painting 43
Geburt einer Hippie-Legende 44
Was 1943 sonst noch geschah … 45
Was 1943 sonst noch geschah … 46
Kuriositäten aus aller Welt 47
Ufa-Jubiläum und viele Filme 48
Botschaft der Liebe 49
Italienisches Lebensgefühl 50
Das geschah 2003, als Sie 60 Jahre alt waren: 51
Mitbegründer der Quantenphysik 52
Purlitzerpreise vergeben 54
Ein Grand Seigneur des deutschen Schlagers 55
Rentierjäger auf Skiern 56
Auf den Hund gekommen 57
Eiskunstlauf und die Liebe 58
Das geschah 2013, als Sie 70 Jahre alt waren: 59
Lale Anderson darf nicht singen 60
Ein Cowboy auf der Leinwand 61
Eleganter Herzensbrecher 62
Um die Käufer bemüht 63
Musik 1943 64
Die beliebtesten Vornamen 65
Prominente Geburtstagskinder 66
1943 als Kreuzworträtsel 68

Chinesisches Horoskop

Wer im Jahr 1943 das Licht der Welt erblickte, ist im **chinesischen Tierkreiszeichen der Ziege** geboren.

Im Tierkreiszeichen der Ziege Geborene sind herzensgute Menschen

Das Charakterbild der Ziege-Frau

Eine Frau, die im chinesischen Sternzeichen der Ziege geboren ist, ist feinfühlig und sanftmütig, gelassen und ruhig. Ihre Persönlichkeit zeichnet sich durch Intelligenz, Ausgeglichenheit und Hilfsbereitschaft aus.

Die Ziege-Frau ist ein herzensguter Mensch. Sie ist immer für andere da, hat ein offenes Ohr für alle Probleme und steht gerne mit Rat und Tat zu Seite. Sie besitzt viel Empathie und wird gerne gebraucht.

Die Ziege-Geborene mag es durch aus unter Menschen zu sein, drängt sich jedoch nie in den Vordergrund, weshalb man sie gerne in seiner Nähe hat. Sie verfügt über einen ausgeprägten Sinn für alles Schöne. Sie liebt es, sich schick anzuziehen oder gut zu essen.

Die Ziege-Frau ist sehr kreativ und hat viel Phantasie. Ihre Gefühle drückt sie gerne im künstlerisch-musischen Bereich aus.

Ein Grundbedürfnis der Ziege-Frau sind harmonische Beziehungen. Da sie sehr liebesbedürftig ist, möchte sie echte, tiefe Gefühle. Sie umsorgt ihre Familie immer liebevoll und ist immer für sie da.

Immer wieder gern gesehen

Der Film *„Casablanca"* erlebt seine allgemeine Kinopremiere. Nachdem er bei seiner Uraufführung am 26. November 1942 in New York zunächst nur wenig Beachtung gefunden hatte, fällt der jetzige Start mitten in die seit dem 14. Januar tagende Alliiertenkonferenz in Casablanca, und schlagartig gelangt der Film zu Weltruhm.

Ingrid Bergmann und Humphry Bogart werden mit „Casablanca" zu Weltstars.

Der Film wird insgesamt für acht Oscars nominiert, von denen er drei erhält: Er wird bester Film des Jahres, hat das beste Drehbuch und Michael Curtiz erhält den Preis für die beste Regie. „Casablanca" gilt als einer der besten Hollywood-Filme aller Zeiten.

Elegante Königin

Königin Silvia von Schweden wird am *23. Dezember 1943* als viertes Kind der Familie Sommerlath geboren. Königin Silvia ist die Gattin von König Carl XVI. Gustaf von Schweden. Die Hochzeit findet am 19. Juni 1976 statt.

Das offizielle Hochzeitsfoto von König Carl XVI. Gustaf und Königin Silvia.

Sie spricht außer Deutsch und Portugiesisch auch Spanisch, Englisch, Französisch und Schwedisch. Daneben beherrscht sie die Schwedische Gebärdensprache. Seit je her setzt sich die schwedische Königin für soziale Belange ein. Insgesamt ist die Königin von Schweden Schirmherrin von 62 wohltätigen Einrichtungen und wurde mit über dreißig Orden und Auszeichnungen geehrt. Die schwedische Popgruppe ABBA widmet der Königin 1976 den Song „Dancing Queen".

Das Kino wird immer beliebter

Das Kino im Deutschen Reich erfreut sich wachsender Beliebtheit. Allerdings sind durch das Lichtspielgesetz seit 1934 nur noch Mitglieder des „Reichsverbandes der Deutschen Filmtheater" als Kinobesitzer zugelassen. Zudem wird nicht nur auf den Spielplan, sondern auch auf die Programmabfolge Einfluss genommen.

Zeitschriften wie die „Filmwelt" oder die „film ILLUSTRIERTE" berichten in großen Bildreportagen über das Neueste aus den deutschen Filmstudios.

Allein im Jahr 1943 gibt es im Deutschen Reich 43 (!) Kinopremieren. Mehr über die interessantesten Filme erfahren Sie auf den folgenden Seiten.

Rezepte aus dem Jahr 1943

1941 erscheinen rund dreißig Kochbücher auf dem deutschsprachigen Markt.

1943 erscheint das „Haas-Spar-Kochbuch" in einem Wiener Verlag.

30 original Rezepte für Süßspeisen aus Ihrem Geburtsjahr Jahr 1943 können Sie hier mittels QR-Code oder Link zum Ausdrucken herunterladen:

https://bit.ly/rezepte-1943

Bademode wird selbst gestrickt

Klamme Haushaltskassen zwingen im Kriegsjahr 1943 zum Selbernähen und Selberstricken. Die Zeitschrift *„Frauenwarte"* schreibt deshalb in ihrem Juniheft 1943:

Badeanzug zum Selberstricken

Badeanzug zum Selberstricken aus der Zeitschrift „Frauenwarte" im Juni 1943

Hier der QR-Code und Link für die original Strickanleitung aus 1943 zum Herunterladen und Ausdrucken.

https://bit.ly/badeanzug-1943

Anzüglicher Farbfilm im Kino

Als erst dritter deutscher Farbfilm wird am 31. Juli in Berlin *„Das Bad auf der Tenne"* mit *Heli Finkenzeller* in der Hauptrolle unter der Regie von Volker von Collande uraufgeführt.

Die derbe Komödie war einer der ersten deutschen Farbfilme und wegen des anzüglichen Sujets ein riesiger Hit.

Die Handlung der Komödie: Ein Geschenk sorgt in der niederländischen Provinz für erotische Wallungen: Der Wiener Kaufmann Satorius schenkt Bürgermeistersfrau Antje *(Heli Finkenzeller)* eine Badewanne. Die erste, die es in Terbrügge je gab! Gatte Hendrick *(Will Dohm)* verbannt das luxuriöse Ding auf die Tenne. Als Antje dort badet, wird sie zum Gespött der Leute….

Erster Farbspielfilm in Deutschland

Am 31. Oktober 1941 wird der allererste deutsche Farbspielfilm in Berlin uraufgeführt. In *„Frauen sind doch bessere Diplomaten",* spielen *Marika Rökk, Willy Fritsch, Aribert Wäscher* und *Ursula Herking* die Hauptrollen.

Der Film geht als erster deutscher Farbfilm im Kino in die Geschichte ein. Die Farbe basiert auf dem Agfacolor-Verfahren.

Die Handlung spielt im Jahr 1848: Die schöne Tänzerin Marie-Luise hilft ihrem Onkel, einem Spielbankendirektor, als sein Kasino in Homburg geschlossen werden soll. Allerdings gerät sie zunächst in Gefangenschaft hannoverscher Truppen, die entsandt wurden, um den Schließungsbefehl zu vollstrecken.

Mit weiblicher List entwischt sie ihrem Bewacher, dem Rittmeister von Karstein. Sie erweist sich als wahrhaft bessere Diplomatin, indem sie eine Einigung zwischen den Homburgern und den anrückenden Truppen vermittelt. Das Spielkasino wird schließlich in eine Porzellanmanufaktur umgewandelt, Marie-Luise und ihr Rittmeister werden ein Paar.

Der Original-Film ist zum Druckzeitpunkt kostenlos auf Youtube zum Ansehen. Entweder den QR-Code mit dem Smartphone scannen (Voraussetzung ist eine installierte QR-Code-App) und am Handy ansehen oder den Link im Browser des Computers eingeben:

https://bit.ly/erster-farbfilm

Das geschah 1953, als Sie 10 Jahre alt waren:

Am 2. Juni 1953 wird die britische Königin Elisabeth II. gekrönt.

„Wer gegen wen?" mit Hans Joachim Kuhlenkampf heißt es ab August im TV.

Micky Maus feiert 1953 das 25-jährige Jubiläum.

(li.) Der 52-jährige Walt Disney mit seinem Publikumsliebling.

Aus der Kindheit: 1953er Kurzarm-Pulli zum Selberstricken

Im Juli 1953 zeigt die US-Zeitschrift „The Workbasket" diesen Pulli zum Selberstricken.

Hier der QR-Code und Link für die original Strickanleitung aus 1953 zum Download.

https://bit.ly/pulli-1953

Kinderjäckchen aus 1953

Kinder-Mode aus dem Jahr 1953

Hier der QR-Code und Link zur Strickanleitung der beiden Jäckchen aus 1953 zum Download.

https://bit.ly/kinder-1953

Durchbruch bei Froschmännern

Bisher waren Gerätetaucher auf Atemluftversorgung aus einem Kompressor durch einen Schlauch von einem Begleitschiff aus angewiesen. Mit der Entwicklung eines *Lungenautomaten,* der seinen Druck und die jeweils verfügbare Luftmenge automatisch der Atemtätigkeit des Tauchers und damit indirekt auch dem äußeren Wasserdruck anpasst, lösen *Emile Gagnan* und der spätere Meeresforscher *Jacques Cousteau* jetzt das Problem des freien Gerätetauchens.

Der Atemregler von Cousteau-Gagnan wird 1943 zum Patent angemeldet.

Ein deutscher Schlagerstar

Am 7. September *1943* wird in Memel, dem heutigen Litauen, *Lena Valaitis* geboren. Ihren ersten Hit landet sie 1971 mit dem Titel „*Ob es so oder so, oder anders kommt*". In den Top 20 der deutschen Charts ist Lena Valaitis erstmals 1976 zu finden. „*José der Straßenmusikant*" erreicht Position 16.

1981 klappt es beim zweiten Anlauf, und die schöne Sängerin wird als Deutschlands Vertreterin für den Eurovision Song Contest ausgewählt. Der Titel „*Johnny Blue*" ist eine Komposition von *Ralph Siegel*. Er handelt von einem blinden Jungen und rührte damals zahlreiche Menschen zu Tränen.

Lena Valaitis belegt bei der Endausscheidung in Dublin hinter den Siegern Bucks Fizz aus Großbritannien einen glänzenden 2. Platz. (Im Bild mit Komponist Ralph Siegel).

Einer der bedeutendsten utopischen Romane

Nach über elfjähriger Arbeit legt *Hermann Hesse* das Werk vor, das er als Ziel und Summe seiner Arbeit ansieht. Er beschreib darin die Utopie einer von der gesellschaftlichen Wirklichkeit weitgehend isolierten Ordnung, die im Roman „Kastalien" genannt wird.

Hermann Hesse: „Das Glasperlenspiel. Versuch einer Lebensbeschreibung des Magister Ludi Josef Knecht samt Knechts hinterlassenen Schriften."

Im Bild links die erste Ausgabe des opus magnum, an dem Hesse mehr als elf Jahre schrieb.

Das Werk zählt zu den bedeutendsten utopischen deutschen Romanen des 20. Jahrhunderts.

Original Lebkuchenrezept aus 1943

Einfache Lebkuchen

250 g Honig, Kunsthonig oder Sirup, 125 g Fett, 500 g Zucker, 3—4 Eier oder 2 Eier und etwas Milch, 1 kg Mehl, **1 Teelöffel Zimt**, ½ Teelöffel gemahlene Nelken oder Lebkuchengewürzmischung, 1 gehäufter Teelöffel Salz, 1 Teelöffel Hirschhornsalz.

Honig oder Sirup wird mit dem Fett erwärmt. Nach und nach fügt man Zucker, Eier oder Eier und Milch und die anderen Zutaten, die man trocken gut miteinander gemischt hat, zu. Der Teig wird sehr gut durchgearbeitet und 8—10 Tage an einem kühlen Ort aufgehoben. Dann rollt man ihn auf bemehltem Brett ½ cm dick aus und schneidet ihn in Dreiecke oder Rechtecke oder sticht ihn mit einer Herzform aus und bäckt die Plätzchen bei mäßiger Hitze gar.

Sollen die Lebkuchen eine glänzende Oberfläche bekommen, bestreicht man sie dünn mit Ei, das man gut mit Wasser verrührt hat. Man kann sie vor dem Backen mit geschälten Nußkernen oder abgezogenen halbierten Mandeln belegen oder mit grob gehackten Nüssen bestreuen. Man kann sie aber auch unbestrichen und unverziert backen und nachher mit Zucker- oder Schokoladenguß überziehen. Gehackte Mandeln oder Nüsse, Streuzucker oder Schokoladenspäne können auf den feuchten Guß als Verzierung gestreut werden.

Die Lebkuchen müssen einige Tage luftig aufbewahrt werden, ehe sie die richtige Beschaffenheit haben.

Das geschah 1963, als Sie 20 Jahre alt waren:

Der bisher längste und teuerste Kinofilm „Cleopatra" mit Liz Taylor hat Premiere. Vier Jahre Drehzeit, vier Stunden lang, 40 Mio. USD teuer.

Freddy Quinns „Junge, komm bald wieder" hält wochenlang Platz eins in den Schlagerparaden der Bundesrepublik Deutschland.

Marika Kilius und Hans-Jürgen Bäumler werden Eiskunstlauf-Europa und -Weltmeister.

Aus der Jugendzeit: Strickpullover und Mütze aus 1963

Damenpullover und Mütze aus 1963

Die Strickanleitungen zu diesem Pullover mit Mütze aus dem Jahr 1963 (für Oberweiten 94-98 und 98-102 cm) gibt es unten zum Download.

https://bit.ly/damenpullover-1963

„Damals" mit Zarah Leander

Zarah Leander spielt unter der Regie von Rolf Hansen die Hauptrolle in dem Film *„Damals",* der in Berlin uraufgeführt wird. Die Musik zu dem Kriminalfilm stammt von Ralph Benatzky und Lothar Brühne.

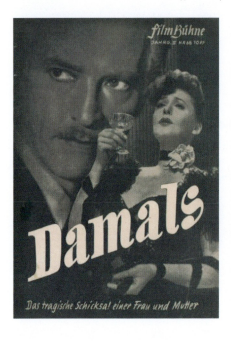

Filmplakat von „Damals" mit Zarah Leander.

Zur *„femme fatale"* stilisiert, wird Zarah Leander zu einem der beliebtesten Leinwandstars. Ihre Filme sind zumeist an ausländische Schauplätze verlegte Melodramen, in denen sie die Illusion der schönen, leidenschaftlichen und selbstbewussten Frau verkörpert. Die Lieder aus ihren Filmen *„Kann denn Liebe Sünde sein"* oder *„Ich weiß, es wird einmal ein Wunder geschehn"* werden Hits.

Frauen sollen mehr Auto fahren

In einem Presseaufruf fordert das Deutsche Frauenwerk die weibliche Bevölkerung zum verstärkten Einsatz als Kraftfahrerinnen auf. Führerscheininhaberinnen ohne Fahrpraxis können diese jetzt in extra angebotenen Lehrgängen erwerben.

US-Filmstar Betty Compson 1921 bei Dreharbeiten - zu einer Zeit, als Frauen am Steuer noch als außergewöhnlich galten.

Frauen ohne Fahrerlaubnis können diese auf Kosten des Frauenwerkes nachholen. Von den Fahrerinnen wird auch die selbständige Durchführung von anfallenden Reparaturen erwartet.

Der Rhabarber eröffnet die Obsternte

Rhabarberbrot
Schwarzbrotscheiben werden dicht nebeneinander in eine gefettete Backform gelegt: die Lücken füllt man mit Brotstücken aus. Darüber gibt man ein Rhabarberkompott und, wenn vorhanden, geriebene Nußkerne oder süße Mandeln, dazwischen kleine Marmeladenhäufchen. Im heißen Ofen 15 Minuten backen.

Hier finden Sie ein paar Original-Rezepte vom Mai 1943.

Rhabarber-Marmelade
Eine sehr gute und billige Marmelade ist nach folgendem Rezept herzustellen (besonders geeignet für kinderreiche Familien und Feinschmecker): 3½ kg Rhabarber, 1¼ kg Zucker, 2 ganze Zitronen.
Den Rhabarber ungeschält in kurze Stücke schneiden, kurz waschen und gut abgetropft in einen großen Topf tun, dann fügt man die beiden in kleine Würfel geschnittenen Zitronen zu. (Zitronen auf einem tiefen Teller schneiden, damit nichts von dem köstlichen Saft verlorengeht.) Wenn die Masse eine Weile gekocht hat, so daß nicht mehr zu viel Saft übersteht, kommt der Zucker dazu. Man muß aufpassen, daß es nicht anbrennt, und gut umrühren, bis die Marmelade schön hellbraun aussieht. Wenn die Würfel der Zitronen dieselbe Farbe haben, ist die Marmelade fertig. Man füllt sie heiß in Gläser oder einen Steintopf.

Rhabarber – Getränk für den Sommer
Täglich einen Topf deutschen Tee (selbstgesammelte Blätter und Blüten) aufbrühen, mit Rhabarbersaft, der durch Dampfentsaften ohne Zucker gewonnenen Zitronensaft ersetzt, und mit Süßstoff abschmecken. In Wasser gut kühlen. Dieses Getränk ist schmackhaft, erfrischend und für den Körper gesünder als das oft verwendete süße Essigwasser. Dieses Getränk sollte in jedem Haushalt vorhanden sein, damit Kinder nicht Wasser trinken und dadurch den bekannten Gefahren ausgesetzt werden.

Oper nach altem Märchenstoff

Die Oper *„Die Kluge"* des deutschen Komponisten Carl Orff wird in Frankfurt am Main unter der musikalischen Leitung von Otto Winkler in der Regie von Günther Rennert uraufgeführt.

Die *„Geschichte von dem König und der klugen Frau",* so der Untertitel des Werkes, ist ein alter Märchenstoff, weitverbreitet im Orient, im Abendland und in Afrika.

Szene aus der Uraufführung von „Die Kluge" im Opernhaus Frankfurt am Main am 20. Februar 1943.

Weltrekord im Dauersegelfliegen

Der Berliner *Ernst Jachtmann* stellt mit 55:52:50 h einen sensationellen Weltrekord im Dauersegelfliegen im Einsitzer auf. In Brüsterort an der samländischen Ostseeküste überbietet er die alte Rekordmarke aus dem Vorjahr um mehr als zehn Stunden. Er wollte noch länger fliegen, wegen heftigen Windes musste er jedoch abbrechen. Seine Flugkameraden begrüßten den neuen Weltrekordler begeistert.

Heroische Darstellung des Segelflugrekords in der Presse.

Das geschah 1973, als Sie 30 Jahre alt waren:

Der Mini feiert in 1973 ein Come back, das gilt für alle Jahreszeiten – allerdings nicht Ultrakurz, sondern etwas länger.

Am 20. Januar 1973 stellt Bernd Clüver in der ZDF-Hitparade das Lied „Der Junge mit der Mundharmonika" vor, mit dem ihm sein erster Nummer-eins-Hit gelingt.

Am 8. Januar 1973 flimmert auf der ARD die erste Folge der Sesamstraße über den Bildschirm.

Aus der guten alten Zeit: Original Strickanleitung aus 1973

Kurzer Spielanzug, der aus Latzhose und Jäckchen besteht. Für 6-12 Monate. Original-Strickanleitung unten.

Die original Strickanleitung finden Sie zum Ausdrucken unter diesem Link bzw. QR-Code:

https://bit.ly/Spielanzug-1973

Neuer Hitchcock-Film

„Im Schatten des Zweifels" (Shadow of a Doubt), ein Film des britischen Regisseurs *Alfred Hitchcock* mit Joseph Cotten in der Hauptrolle wird uraufgeführt. Mit diesem Film – einer seiner Lieblingsfilme – will Hitchcock nach eigenem Bekunden Mord und Gewalt dorthin zurückbringen, wo sie hingehören, ins „traute Heim". Seiner Ansicht nach entwickeln sich überhaupt alle schlechten Angewohnheiten wie Mord, Betrug, Trunksucht oder Rauchen im Schoß der Familie.

Deutsches und amerikanisches Filmplakat des Hitchcock-Filmes von 1943.

Der Film zeichnet sich durch einen in den übrigen Werken des Regisseurs seltenen Realismus aus. Die Außenaufnahmen in dem verschlafenen kalifornischen Städtchen Santa Rosa tragen viel zur authentischen Atmosphäre bei.

Jazz-Suite von Duke Ellington

In der New Yorker Carnegie Hall wird die Jazz-Suite „Black, Brown and Beige" von *Duke Ellingteon* uraufgeführt.

Mit der Aufzeichnung der 50-minütigen Komposition beginnt eine bis 1950 beibehaltene Tradition des Bandleaders und Pianisten Ellington, jeweils zu Beginn des Jahres eine neue Suite in der Carnegie Hall vorzustellen. Das Werk ist nur in Bruchstücken erhalten.

Duke Ellington am Piano mit seinem Duke Ellington Orchestra 1943.

Ein Publikumsliebling

24. September: In München wird der Film *„Tolle Nacht"* von *Theo Lingen* uraufgeführt. Dem breiten Publikum wird Theo Lingen vor allem als Filmkomiker bekannt. Insgesamt wirkt er ab 1929 in über 200 Filmen mit. Zusammen mit *Hans Moser* bildet er in zahlreichen Filmen ein ungleiches Komikerpaar. Auch in Filmen mit *Heinz Rühmann* ist er häufig ein wichtiger Nebendarsteller. Seine näselnde Stimme war sein Markenzeichen.

Theo Lingen war viele Jahre einer der Publikumslieblinge der Deutschen.

Die Dokumentation über Theo Lingen: *„Komiker wurde ich nur aus Versehen"*, ist auf Youtube unter folgendem Link bzw. QR-Code zu sehen:

https://bit.ly/Doku-theo-lingen

Das geschah 1983, als Sie 40 Jahre alt waren:

Glamour bietet der US-Serienhit „Denver Clan". Hauptfiguren sind Blake Carrington, das „Biest" Alexis und die schöne Krystle

Michael Jackson gelingt ein Meisterwerk: Mit rund 65 Millionen verkauften Exemplaren wird „Thriller" das weltweit meistverkaufte Album.

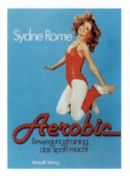

1983 schwappt die Aerobic-Welle auf Deutschland über. Sydne Rome gilt als Botschafterin des Aerobic in Deutschland. Ihr Buch „Aerobic. Bewegungstraining, das Spaß macht" wird zum Bestseller.

Vintage: 1980er Jahre Rucksack zum Selbernähen

Die Nähanleitung für einen Rucksack aus den frühen 80ern zum Selbernähen finden Sie unten.

Hier der QR-Code und Link zur Nähanleitung des 80er Rucksacks zum Download

https://bit.ly/rucksack-80er

Karrierestart von Frank Sinatra

Frank Sinatra, genannt „The Voice", startet in den USA seine Solokarriere als Sänger. Zum ersten Mal steht er im eleganten Nightclub „Rustic Cabin" in Newark (New Jersey) allein auf der Bühne.

Frank Sinatra (re.) am 14. August 1943 vor den Plakaten seines Auftrittes.

Im August schreibt Thomas Mann in sein Tagebuch: *„Gelesen die Zeitung. Über die Ekstase des weiblichen Publikums … bei den Gesängen eines populären Baryton-Boys Frankie Sinatra."*

Mode im Zeichen des Sparens

Die deutsche Frau soll 1943 grundsätzlich adrett und gepflegt aussehen, aber verschwenderische Schnitte sind unerwünscht. Der Mangel an Textilien erlaubt keine großen Sprünge. Die Kleider sind einfacher den je: Jacken und Mäntel kommen zunehmends kragenlos daher, die Säume reichen nur noch bis zum Knie.

Viel Geld für Kleidung können auch die Briten nicht ausgeben. Die Textilbranche setzt daher auf preiswerte Massenproduktion von Kleidungsstücken.

Kostüme dominieren auch in der britischen Frühjahrs- und Herbstmode.

Hochkonjunktur am Kopf

Hochkonjunktur haben 1943 schicke Kopfbedeckungen wie Tücher und Schals, zum Turban drapiert.

Die meisten Modezeitschriften müssen jedoch ihr Erscheinen einstellen, so z.B. *„Die neue Linie"* oder *„Der Silberspiegel"*.

Wandlungsfähiger Wollschal: Solche Tipps füllen die Modeseiten 1943.

Als „Meisterstück der Modemagie" angepepriesen: Seidentuch- „Kaskade".

Das geschah 1993, als Sie 50 Jahre alt waren:

Der Song „ I will always love you" ist Whitney Houstons größter Hit und geht 1993 durch die Decke. Er wurde schon über **1,2 Milliarden Mal** auf Youtube aufgerufen.

https://bit.ly/whitney-superhit

„Traumhochzeit" wird zum Quotenhit.

Nelson Mandela und Frederik de Klerk mit dem Friedensnobelpreis 1993.

Exklusiv: Cholesterinarme Rezepte aus 1993

In den USA gibt es schon seit den 1970er Jahren „Low Cholesterol" Kochbücher (Abb. aus 1970)

Acht cholesterinarme Rezepte aus dem Jahr 1993 gibt es hier mittels Link oder QR-Code zum Download:

https://bit.ly/cholesterinarm-1993

Action Painting

Jackson Pollock, für dessen Malstil der US-amerikanische Kunstkritiker Harold Rosenberg 1952 den Begriff *„Action Painting"* kreiert, stellt 1943 erstmals seine Gemälde in einer Einzelausstellung vor.

Jackson Pollock: „Gothic", Öl auf Leinwand. Fertiggestellt wird das Bild 1944 und hängt im Museum of Modern Art in New York.

Bei Pollocks Schaffensweise steht der Malakt im Vordergrund: In einem Trancezustand, unter dem Diktat des nicht vom Verstand kontrollierten Unterbewusstseins, bearbeitet der Künstler die Leinwand und streut in freier Improvisation Zeichen über die Bildfläche.

Geburt einer Hippie-Legende

Janis Joplin wird am *19. Januar 1943* in Port Arthur, Texas, USA, als Tochter eines Direktors der Texaco-Ölgesellschaft geboren. Die US-amerikanische Musikerin gilt als eine der besten weißen Blues-Sängerinnen der Welt.

Janis Cholin zusammen mit Tina Turner.

Fasziniert vom freien Lebensstil der Hippies zieht Janis Joplin nach San Francisco, wo sie zur Ikone aufsteigt. Ihr exzessives Leben und ihr früher Tod führen dazu, dass sie zu einer Legende der Rockmusik wird. Zu ihren bekanntesten Titeln gehören „Down on Me", „Me and Bobby McGee" und „Cry Baby"...

Was 1943 sonst noch geschah ...

4. Januar:
Die französischen Zahnärzte können das für die Behandlung ihrer Patienten nötige Gold und Silber künftig nicht mehr ankaufen; es muß ihnen von ihren Kunden zur Verfügung gestellt werden.

4. Februar:
In Zürich wird das Stück „Der gute Mensch von Sezuan" des im US-Exil lebenden deutschen Schriftstellers Bertolt Brecht uraufgeführt.

10. Februar:
Die Presse im Deutschen Reich gibt den Hausfrauen den Spartipp: „Zeit und Gas sparst Du Dir ein, wenn du entfernst den Kesselstein."

24. Februar:
Die Deutsche Reichspost wirbt in der Presse um weibliche Hilfskräfte im Zustelldienst: „Frauen und Mädel" Meldet Euch beim nächsten Postamt!"

Die männlichen Postboten brauchen weibliche Verstärkung.

Was 1943 sonst noch geschah …

1. Juli:
Alle Männer über 18 und alle Frauen zwischen 25 und 55 Jahren im Deutschen Reich erhalten die neue Raucherkarte.

31. Oktober:
Die Sparguthaben im Deutschen Reich belaufen sich derzeit auf rund 60 Milliarden Reichsmark.

22. Oktober:
Die Presse im Deutschen Reich mahnt: „Weg mit alten Knochen? Nein! Denn aus ihrem Fett gewinnen wir Stearin, Ölein, Seife und Glyzerin, die Grundstoffe für viele chemische und kosmetische Präparate."

Raucherkarte

Kuriositäten aus aller Welt

Die *„Berliner Illustrierte Zeitung"* bietet ihren Lesern immer wieder Kuriositäten aus aller Welt – ein tibetanisches Mysterienspiel, die vielfältige Nutzung des Ravenalbaums auf Madagaskar, Neuigkeiten aus dem Leben der Flugsaurier, eine Wallfahrt auf den chinesichen heiligen Berg Hua-Schan oder frühgeschichtliche Bilder von Jägern.

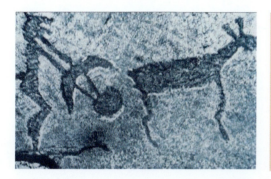

Zeichnung eines frühgeschichtlichen Jägers.

Ein Riesenwels ist ins Netz gegangen – die Berliner Illustrierte Zeitung berichtet darüber.

Ufa-Jubiläum und viele Filme

Das Filmereignis des Jahres 1943 ist der 25. Geburtstag der Universum Film AG (Ufa). Zur Jubiläumsfeier wird der Ausstattungsfilm *„Münchhausen"* mit *Hans Albers* in der Titelrolle uraufgeführt.

Hans Albers in der Rolle des Münchhausen in dem gleichnamigen Film.

Ablenkung vom Alltag ist die Hauptfunktion der deutschen Filmindustrie. So umfasst die deutsche Jahresproduktion 83 Filme, 1942 waren es bereits 64 Filme.

Botschaft der Liebe

1943 erscheint in New York das Buch *„Der kleine Prinz"* (Originaltitel: Le Petit Prince) von *Antoine de Saint-Exupéry.*

„Der kleine Prinz" gilt als literarische Umsetzung des moralischen Denkens und der Welterkenntnis seines Autors und als Kritik am Werteverfall der Gesellschaft. Das Werk ist ein modernes Kunstmärchen und wird fast immer als Plädoyer für Freundschaft und Menschlichkeit interpretiert.

Die Erzählung erscheint 1945 in Paris und 1950 erstmals in deutscher Sprache und wird einer der größten Bucherfolge der Nachkriegszeit in Europa.

Italienisches Lebensgefühl

Am *20. Mai 1943* wird in Italien, *Albano Carrisi* geboren. Als Al Bano und Teil des Musikduos *Al Bano & Romina Power* wird er international bekannt.

165 Millionen verkaufte Alben sprechen für sich. Der Sänger und Winzer überzeugt durch eine herausragende Stimme und das große Gefühl, wenn er seine Songs zum Besten gibt.

Große Songs, auch gemeinsam mit seiner ehemaligen Ehefrau Romina Power, sollten folgen. „Felicità", „Amore mio", „Libertà!", „Notte e giorno", oder „Un'ora con..." wurden allesamt zu Hits in Deutschland, Österreich und der Schweiz.

Kaum ein Sänger präsentierte das italienische Lebensgefühl so sehr, wie Al Bano Carrrisi.

Das geschah 2003, als Sie 60 Jahre alt waren:

Top-Model wird Mama: Claudia Schiffer mit Matthew Vaughn und Sohn Casper, der am 5. Februar zur Welt kommt.

Die Stadt München verbietet die umstrittene Leichenausstellung „Körperwelten" des deutschen Anatomen Gunther von Hagens.

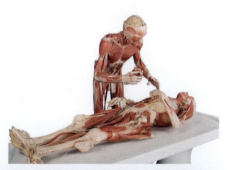

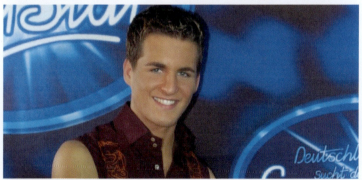

Alexander Klaws gewinnt die erste Staffel von „Deutschland sucht den Superstar".

Mitbegründer der Quantenphysik

Am 23. April 1943 begeht der deutsche Physiker *Max Planck* seinen 85. Geburtstag. Der Begründer der sog. Quantentheorie ist in seiner Disziplin Nobelpreisträger 1918 und war zwischen 1912 und 1938 einer der vier Sekretäre der Preußischen Akademie der Wissenschaften.

Am 19. Oktober 1900 beginnt unbemerkt eine Revolution in der Physik. An diesem Tag stellt Max Planck ein neues Strahlungsgesetz vor. Es beschreibt die Energieverteilung der Wärmestrahlung. Später wird klar, dass dieses Gesetz mit der klassischen Physik unvereinbar ist. Es erfordert eine Revolution im Verständnis von Strahlung und Energie: Die Strahlung besteht aus Energiepaketen, den Quanten.

Mit dem Anstoß zur Entwicklung der Quantentheorie (1930) wurde Max Planck zum Mitbegründer der modernen Physik.

Eine Musikikone wird geboren

Am *26. Juli 1943* erblickt in Dartford, England *Mick Jagger,* Sänger der Rolling Stones, das Licht der Welt. Als Gründungstermin der Band gilt ihr erster Auftritt im legendären Londoner Marquee-Club am 12. Juli 1962.

Die Stones 1962 mit Mick Jagger rechts.

Der damalige Gitarrist Brian Jones ruft vor dem Konzert bei einer Zeitung an, um eine Anzeige zu schalten. Auf die Frage, wie die Band denn heiße, muss er zunächst passen – einen Namen gibt es noch nicht.

Da fällt sein Blick auf eine Muddy-Waters-Platte, einer der Songs dort heißt „Rollin' Stone". Kurzerhand entscheidet Jones: **„Wir sind die Rollin' Stones."** Der Rest ist Musikgeschichte.

Purlitzerpreise vergeben

Unter den Preisträgern der diesjährigen Purlitzerpreisverleihung sind die US-amerikanischen Schriftsteller *Thronton Wilder* und *Upton Sinclair.* Die Preise werden seit 1917 von der School of Journalism der Columbia University in New York verliehen. Ausgezeichnet werden hervorragende Leistungen auf journalistischem, literarischem und musikalischem Gebiet.

Thornton Wilder: In seinen Werken thematisiert er vor allem zeitlos menschliche Probleme.

Upton Sinclair: Er schreibt über die durch den Kapitalismus geschaffenen Mißstände in den USA.

Ein Grand Seigneur des deutschen Schlagers

Damals wie heute verzaubert *Michael Holm*, geboren am *29. Juli 1943* in Stettin, seine zahlreichen Fans durch seine raue Stimme, seine Melodien und Texte. Seine Lieder bringen Gefühle an den Tag. Gefühle wie Freude, Hoffnung und Liebe, aber auch Traurigkeit und Hoffnungslosigkeit.

Der „Mandacino-Man" in Pose (1972)

Als Michael Holm 1958 seine erste Band gründet, ahnt sicherlich noch niemand, dass dieser Mann einmal auf den ganz großen Bühnen der Welt seine Lieder singen würde. Michael Holm Hits wie „Mendocino", „Lucille", „El Lute", „Barfuß im Regen", „Wart´ auf mich" oder „Tränen lügen nicht" fehlen heute auf keiner Best of Schlager- CD.

Rentierjäger auf Skiern

In ihrer Ausgabe vom 26. August 1943 überrascht die „Berliner Illustrierte Zeitung" ihre Leser mit Bildern frühgeschichtlicher Skiläufer. Dem Blatt zufolge sin die 4.000 Jahre alten Felszeichnungen kürzlich auf einer kargen Felseninsel des Weißen Meeres – ein Randmeer des Nordpolarmeeres – entdeckt worden.

Rentierjäger in einer Felszeichnung

Die Bilder sollen die ältesten überlieferten Darstellungen des beliebten Wintersports sein. Die Zeichnungen zeigen Jäger auf Skiern und dienten zur magischen Beschwörung des Jagdglücks. Die Treiber sind mit Tierschwänzen dargestellt. Selbst wie Tiere aussehend, sollten sie das Wild anlocken und den Jägern zutreiben.

Auf den Hund gekommen

Erster US-TV-Film mit *Lassie:* Als die Familie Carraclough in Geldnot kommt, beschließen die Eltern, den Hund Lassie zu verkaufen. Sohn Joe (*Roddy McDowall*) ist untröstlich. Der Herzog von Rudling (*Nigel Bruce*) erwirbt Lassie, um ihn seiner Enkelin Priscilla *(Elizabeth Taylor)* zu schenken. Doch Lassie hat Heimweh nach seinem Herrchen Joe und bricht immer wieder aus, um zu seiner ehemaligen Familie zurückzukehren...

Die erst elfjährige Elisabeth Taylor im Film „Lassie come home" aus 1943.

In Deutschland, wo fast 600 Folgen gezeigt wurden, war die Serie ab dem 21. Juni 1958 zunächst in der ARD, später im ZDF zu sehen.

Eiskunstlauf und die Liebe

Am 5. November wird in Wien *„Der weiße Traum"*, ein Film von Gèza von Cziffa, uraufgeführt. Die Handlung: Ernst Eder *(Wolf Albach-Retty)*, Ausstattungschef eines Revuetheaters, will seiner Angebeteten Liesl *(Olly Holzmann)*, Gesangsstudentin und Eiskunstläuferin, ein Revueengagement besorgen.

Wolf Albach-Retty und Olly Holzmann spielen die Hauptrollen in „Der weiße Traum".

Theaterbesitzer Josef Wildner *(Oskar Sima)* will seinerseits seine – allerdings unbegabte – Freundin Lu *(Lotte Lang)* groß herausbringen. Als Liesl sich durchzusetzen weiß und Lu blamiert, schließt Wildner voller Zorn sein Theater. Eder organisiert darauf hin die Verlegung der Revue auf den Eislaufplatz, wo die Geschichte ihr Happy-End findet.

Das geschah 2013, als Sie 70 Jahre alt waren:

Die Toten Hosen sind die großen Sieger bei der 22. Verleihung des Deutschen Musikpreises Echo. Sie erhalten vier Auszeichnungen.

In Berlin eröffnet ein begehbares Barbie Dreamhouse, das den Fans der Puppe Einblicke in Barbies Welt ermöglicht.

Großer Auftritt für Karl Lagerfelds Chanel-Kollektion 2013 im Pariser Grand Palais. Der deutsche Designer setzt diesmal auf Ledergamaschen und kurze, ausgestellte Kleider.

Lale Anderson darf nicht singen

Die deutsche Sängerin *Lale Andersen* erhält 1943 ein zeitweises *Auftrittsverbot,* wegen angeblicher Kontakte zu Schweizer Juden. Als im Frühjahr 1941 die Soldaten des deutschen Afrikakorps britische, australische und polnische Einheiten in der libyschen Hafenstadt Tobruk einkesseln und zu belagern beginnen, erweist sich rasch ein deutscher Schlager als die mächtigste Waffe gegen die Moral der isolierten Truppen.

Abend für Abend, immer genau um 21.57 Uhr, trällert es aus unzähligen Radios in den Höhlen um die strategisch wichtige Stadt: „Vor der Kaserne,/ Vor dem großen Tor,/ Stand eine Laterne,/ Und steht sie noch davor,/ So woll'n wir uns da wieder seh'n,/ Bei der Laterne wollen wir steh'n,/ Wie einst, Lili Marleen."

Lale Andersen singt „Lili Marleen"

Die eingängige Melodie und der schlichte Text, mit lasziver Stimme interpretiert von Lale Andersen, gilt als die Soldatenhymne des Zweiten Weltkrieges. Die Sehnsucht einsamer Soldaten in kalten Wüstennächten hat diesen Erfolg möglich gemacht.

Ein Cowboy auf der Leinwand

John Wayne spielt die Hauptrolle in dem am 19. August uraufgeführten Film „*Die Lady riskiert was*" (Lady Takes a Chance). Traditionsgemäß verkörpert er einen Cowboy, der die Bekanntschaft der westwärts reisenden New Yorker Bankangestellten Mollie Truesdale *(Jean Arthur)* macht.

John Wayne in seiner traditionellen Beschützer-Rolle: Jean Arthur spielt die weibliche Hauptrolle in dem Film „Die Lady riskiert was".

Am 12. Dezember wird ein weiterer Film mit *John Wayne,* der in den USA große Popularität genießt, uraufgeführt: „*Die Hölle von Oklahoma*" (War of the Wildcats). Diesmal zeigt er, wiederum als Cowboy, der Lehrerin Catherine Allen *(Martha Scott),* wie man einem reichen Ölunternehmer beikommt.

Eleganter Herzensbrecher

Am *25. Januar 1943* wird in Straßberg bei Augsburg *Gerhard Höllerich* geboren. Der deutsche Schauspieler und Sänger erobert alias *Roy Black* mit seinen Spielfilmen, TV-Serien und typischen Schlagern ein Millionenpublikum.

Roy Black wurde von vielen als der ideale Schwiegersohn gesehen.

Seinen Durchbruch feiert Roy Black Mitte der 1960er mit Hits wie „*Du bist nicht allein*", „*Leg Dein Herz in meine Hände*", „*Schön ist es auf der Welt zu sein*".

Er strahlt das Bild eines aufrichtigen, eleganten und zärtlichen Mannes aus, das nicht nur den Zeitgeist der 1970er und 1980er Jahre trifft. Der Entertainer verkauft rund 25 Millionen Tonträger und erhält zahlreiche Auszeichnungen. Zu seinen erfolgreichsten Titeln gehören weiter „*Ganz in Weiß*", „*Das Mädchen Carina*" und „*Wie ein Stern am Horizont*"...

Um die Käufer bemüht

Der Rohstoffmangel behindert die Erstellung von Werbemitteln. So wird am 1. Juni wegen Papierknappheit die Versendung oder Verteilung von Werbebroschüren weitgehend verboten.

Gleichwohl finden sich in den Zeitungen und Zeitschriften auch weiterhin zahlreiche Anzeigen, mit denen die durch das knappere Konsumgüterangebot erhöhte Kaufkraft der Leser angesprochen werden soll.

Außerordentlich selten sind Werbeanzeigen für Modeartikel in Deutschland

Dem Wunsch nach bescheidenem Luxus wird in dieser Kosemetikanzeige stattgegeben.

Musik 1943

Deutsche Schlager 1943

1. *Sing Nachtigall, sing* von Evelyn Künneke
2. *Kauf dir eine bunten Luftballon,* von Alda Noni
3. *Capri Fischer,* von Rudi Schuricke
4. *Alt Berliner Kremserfahrt,* von Magda Hain
5. *Jede Nacht ein neues Glück,* von Zarah Leander
6. *Frauen sind keine Engel,* von Margot Hielscher
7. *Hein Mück aus Bremerhaven,* Geschw. Valtonen
8. *Ganz leis erklingt Musik,* von Gerda Schönfelder
9. *Silky,* von Orchester Stan Brenders
10. *Möwe, du fliegst in die Heimat,* von Magda Hain

Die Aufnahme des Liedes *„Capri Fischer"* von *Rudi Schuricke* aus dem Jahr 1943 ist auf Youtube zu sehen und zu hören und wurde mittlerweile über 2 Millionen Mal angeklickt. Nur kurze Zeit nach der Aufnahme wurde das Lied für den Rundfunk gesperrt da die Amerikaner bereits auf Capri gelandet waren. Hier der Link bzw. QR-Code:

https://bit.ly/capri-fischer-1943

Die beliebtesten Vornamen

Folgende Vornamen sind im Jahr 1943 am beliebtesten:

Mädchen:	Jungen:
1. Katrin	1. Hans
2. Renate	2. Peter
3. Monika	3. Klaus
4. Ursula	4. Wolfgang
5. Elke	5. Jürgen
6. Ingrid	6. Dieter
7. Gisela	7. Uwe
8. Christa	8. Bernd
9. Helga	9. Manfred
10. Bärbel	10. Horst

Interessante Preise 1943

1 kg Kartoffeln
0,30 RM

Brot
0,37 RM

1 kg Zucker
1,12 RM

1 kg Butter
7,43 RM

1 Liter Bier
0,79 RM

1 Liter Milch
0,37 RM

2 Eier
0,37 RM

Eine Reichsmark entspricht **heute** ca. 4 Euro

Prominente Geburtstagskinder

Folgende prominente ErdenbürgerInnen erblicken 1943 das Licht der Welt:

25. Februar:
George Harrison: britischer Musiker (The Beatles)

25. April: Tony Christie
britischer Schlagersänger

17. Juni: Barry Manilow
US-amerikanischer Sänger

17. August: Robert De Niro
US-Schauspieler

23. September:
Julio Iglesias
spanischer Sänger

29. September: Lech Walesa
polnischer Politiker und Friedensnobelpreisträger

22. Oktober:
Catherine Deneuve: franz. Schauspielerin

27. November:
Jil Sander
deutsche Modeschöpferin

31. Dezember:
Ben Kingsley
brit. Schauspieler

1943 als Kreuzworträtsel

1. Vorname schwedische Königin
2. Nachname weiblicher deutscher Kinostar
3. Vorname Horrorfilm-Regisseur
4. Nachname berühmter US-Sänger
5. Kinofilm mit Ingrid Bergmann
6. Vorname Autor von „Der kleine Prinz"
7. Wirklicher Nachname von Al Bano
8. Nachname Begründer Quantenphysik
9. Vorname Sänger von „Mandacino"
10. US-Serie mit und über einen Hund
11. Nachname Sängerin von „Vor der Kaserne"
12. Nachname US-Kino-Cowboy
13. Beliebtester Mädchen-Vorname
14. Nachname Sänger von „The Rolling Stones"
15. Chinesisches Sternzeichen

Lösung auf Seite 70.

Lösung Kreuzworträtsel

1. Silvia; 2. Leander; 3. Alfred; 4. Sinatra; 5. Casablanca; 6. Antoine; 7. Carrisi; 8. Planck; 9. Michael; 10. Laessie; 11. Andersen; 12. Wayne; 13. Katrin; 14. Jagger; 15. Ziege

Bildverzeichnis und Links

alamy; bigstock; canto; gettyimages; okapia; pixxio; pixabay; shutterstock; stokpic. Trotz größter Sorgfalt konnten die Urheber nicht in allen Fällen ermittelt werden. Es wird gegebenenfalls um Mitteilung gebeten.

Wir bitten um Verständnis, dass wir keinen Einfluss darauf haben, wie lange die externen Links (z.B. Youtube-Videos) abrufbar sind. Es besteht keinerlei wirtschaftliche oder sonstige Verbindung zu eventuell eingespielter Werbung vor den Videos. Cartoons: Nadja Kühnlieb

Impressum

Autorin: Nadja Kühnlieb

© 2023 Verlag Mensch
www.verlagmensch.com / info@verlagmensch.com
Dr. Roman Feßler LL.M.
6900 Bregenz - Österreich, Bregenzer Straße 64
Umschlaggestaltung: Ingeborg Helzle Grafikdesign
Covermotiv: Alamy

1. Auflage 2023
Alle Rechte vorbehalten. Nachdruck, auch auszugsweise, nur mit schriftlicher Genehmigung des Verlags.

In der Serie Geburtstagsbücher für Frauen sind erschienen:

In der Serie Geburtstagsbücher für Männer sind erschienen:

Alle Jahrgänge enthalten Download-Material zum jeweiligen Geburtsjahr.
Alle Geburtstagsbücher sind exklusiv auf Amazon erhältlich.

Psychologische Ratgeber

Dr. Beate Guldenschuh-Feßler

Jeden Tag glücklich!

Positive Psychologie für mehr Glück & Lebensfreude

Exklusiv auf Amazon.
Der Link zum Buch:
bit.ly/Jeden-Tag-glücklich

Auf 425 Seiten erhalten Sie 199 Praxistipps und Übungen von der erfahrenen Diplom-Psychologin und Verhaltenstherapeutin zur Erhöhung Ihres persönlichen Glückniveaus.

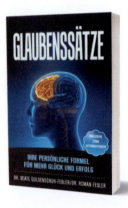

Dr. Beate Guldenschuh-Feßler

Glaubenssätze

Ihre persönliche Formel für mehr Glück und Erfolg. Inklusive 2.000 Affirmationen

Der Link zum Buch:
bit.ly/Buch-Glaubenssätze

Identifizieren Sie Ihre einschränkenden Glaubenssätze und erfahren Sie, wie Sie mit positiven Affirmationen glücklicher und erfolgreicher werden.

Dr. Beate Guldenschuh-Feßler

Das große Tagebuch der Dankbarkeit

Studien beweisen, dass ein Dankbarkeitstagebuch unser Glücksniveau steigern und Geist und Körper positiv beeinflussen kann.

Der Link zum Buch:
bit.ly/dankbares-leben

Neben ausreichend Platz für Ihre Tagebucheintragungen erhalten Sie psychologisches Hintergrundwissen, Tipps und Übungen zum Thema Dankbarkeit.

Dr. Beate Guldenschuh-Feßler

Grimms Märchen für mehr Selbstbewusstsein, Mut & Hilfsbereitschaft

11 Tugenden zur Persönlichkeitsentwicklung psychologisch aufbereitet.

Der Link zum Kinderbuch:
https://amzn.to/3N5GaQh

Vermitteln Sie anhand von Grimms Märchen Werte, die für Kinder von besonderer Bedeutung sind. Mit Ausmalbildern und Hörbuch für Kinder ab 4 Jahren.